Impressum
Verlag: BABADADA GmbH, Nedderfeld 112 , 22529 Hamburg
Geschäftsführer / Verlagsleitung: Harald Hof
Druck: Books on Demand GmbH, In de Tarpen 42, 22848 Norderstedt

Imprint
Publisher: BABADADA GmbH, Nedderfeld 112 , 22529 Hamburg, Germany
Managing Director / Publishing direction: Harald Hof
Print: Books on Demand GmbH, In de Tarpen 42, 22848 Norderstedt

koulu

學校

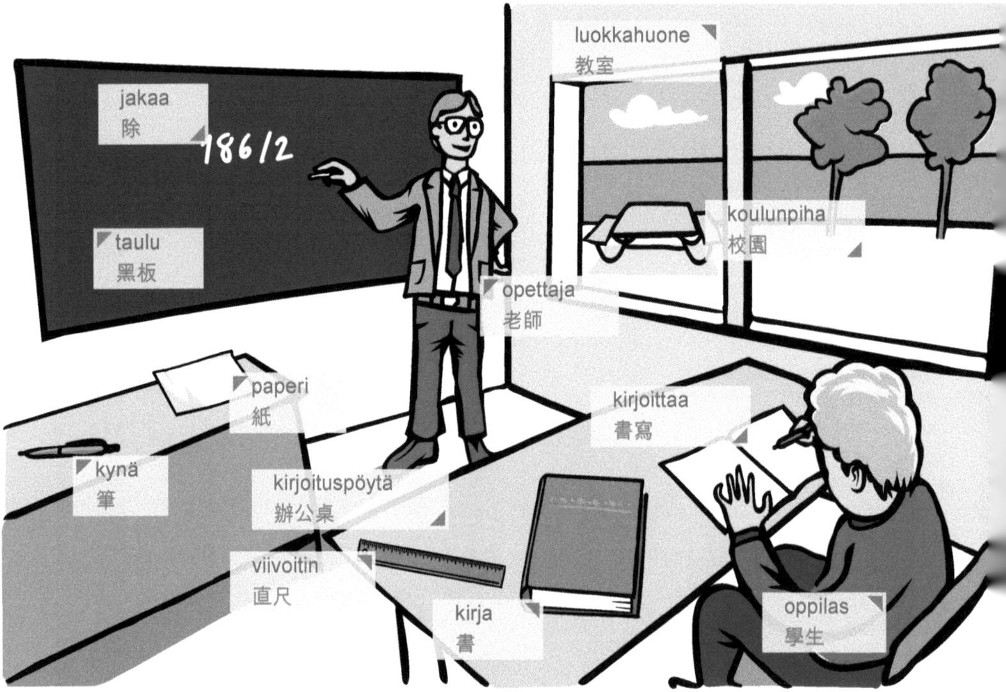

luokkahuone
教室
jakaa
除
186/2
taulu
黑板
koulunpiha
校園
opettaja
老師
paperi
紙
kirjoittaa
書寫
kynä
筆
kirjoituspöytä
辦公桌
viivoitin
直尺
kirja
書
oppilas
學生

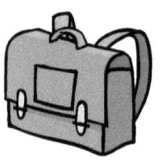

reppu

書包

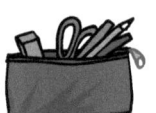

penaali

鉛筆盒

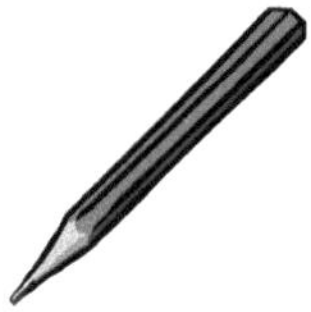

lyijykynä

鉛筆

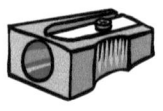

kynänteroitin

削鉛筆機

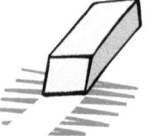

pyyhekumi

橡皮擦

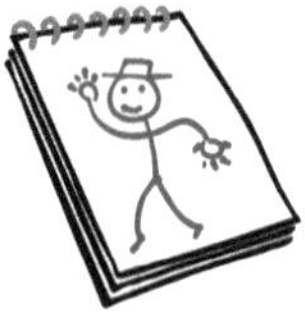

piirustuslehtiö

畫板

piirustus

圖畫

pensseli

畫筆

vesivärit

顏料盒

sakset

剪刀

liima

膠水

harjoituskirja

練習冊

kotitehtävä

家庭作業

luku

數字

lisätä

加

vähentää

減

kertoa

乘

laskea

計算

kirjain

字母

aakkoset

字母表

sana

字

koulu - 學校

teksti

課文

lukea

讀

liitu

粉筆

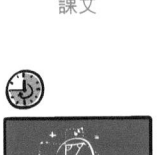

oppitunti

上課

opettajan muistikirja

登記

koe

考試

todistus

證書

koulupuku

校服

koulutus

教育

sanakirja

百科全書

yliopisto

大學

mikroskooppi

顯微鏡

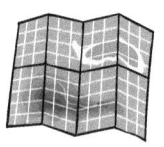

kartta

地圖

roskakori

廢紙簍

hotelli
飯店

Grand

retkeilymaja
青年旅社

ROOMS

rahanvaihto
外幣兌換處

EXCHANGE

matkalaukku
手提箱

auto
汽車

kieli

語言

kyllä / ei

是/否

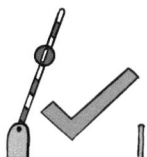

selvä

好的

hei

您好

tulkki

翻譯人員

kiitos

謝謝

Paljonko...maksaa?

......多少錢？

en ymmärrä

我不明白

ongelma

問題

Hyvää iltaa!

晚上好！

Hyvää huomenta!

早上好！

Hyvää yötä!

晚安！

näkemiin

再見

suunta

方向

matkatavarat

行李

laukku

包

reppu

背包

vieras

客人

huone

房間

makuupussi

睡袋

teltta

帳篷

turisti-info

旅行資訊

ranta

海灘

luottokortti

信用卡

aamupala

早餐

lounas

午餐

päivällinen

晚餐

matkalippu

票

hissi

電梯

postimerkki

郵票

raja

邊界

tulli

海關

suurlähetystö

大使館

viisumi

簽證

passi

護照

kuljetus
交通運送

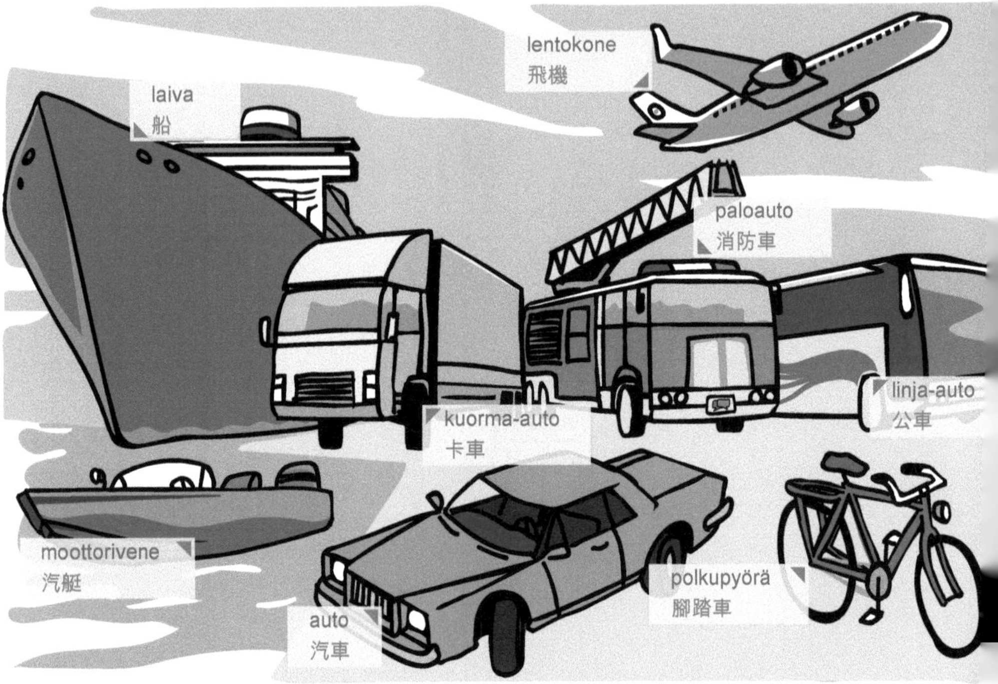

lentokone
飛機
laiva
船
paloauto
消防車
linja-auto
公車
kuorma-auto
卡車
moottorivene
汽艇
polkupyörä
腳踏車
auto
汽車

lautta
渡輪

vene
小船

moottoripyörä
機車

poliisiauto
警車

kilpa-auto
賽車

vuokra-auto
租車

car sharing

拼車

hinausauto

拖車

roska-auto

垃圾車

moottori

馬達

polttoaine

汽油

huoltoasema

加油站

liikennemerkki

交通標識

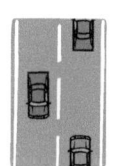

liikenne

交通

ruuhka

交通堵塞

parkkipaikka

停車場

rautatieasema

火車站

raiteet

軌道

juna

火車

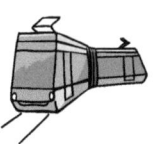

raitiovaunu

路面電車

vaunu

客車廂

helikopteri

直升機

lentokenttä

機場

lähilennonjohto

塔

matkustaja

乘客

kontti

集裝箱

pahvilaatikko

紙板箱

kärryt

手推車

kori

籃子

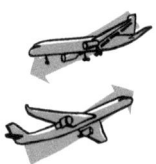

nousta / laskea

起飛/降落

kaupunki
城市

kylä

村莊

keskusta

市中心

talo

房子

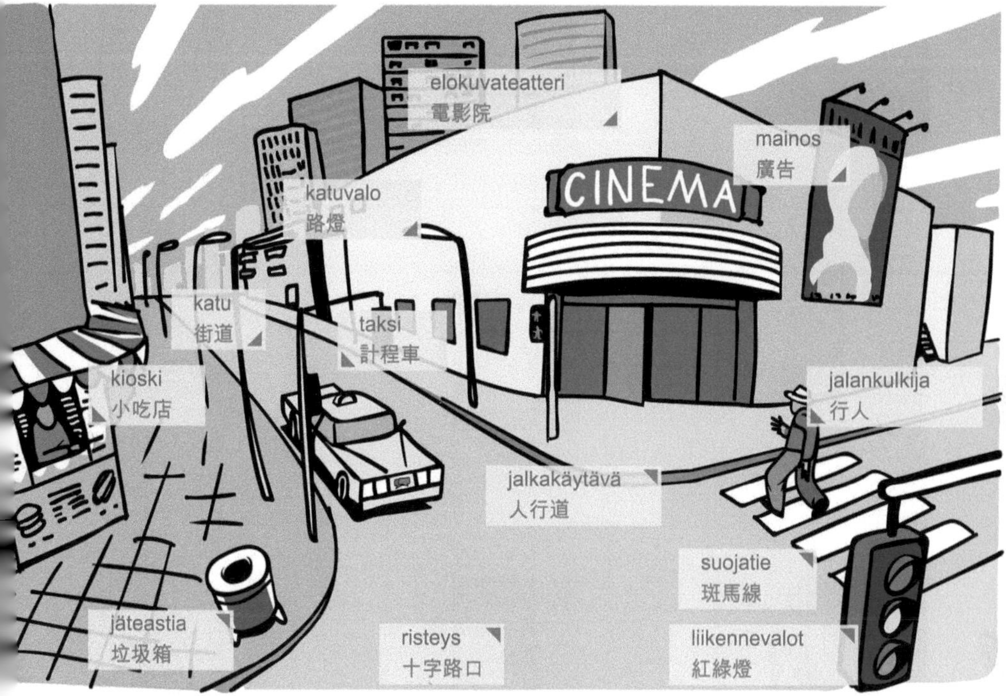

elokuvateatteri
電影院
CINEMA
mainos
廣告
katuvalo
路燈
katu
街道
taksi
計程車
kioski
小吃店
jalankulkija
行人
jalkakäytävä
人行道
suojatie
斑馬線
jäteastia
垃圾箱
risteys
十字路口
liikennevalot
紅綠燈

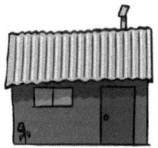

mökki

小屋

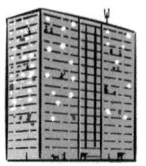

kerrostalo

公寓

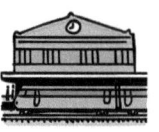

rautatieasema

火車站

kaupungintalo

市政廳

MUSEUM

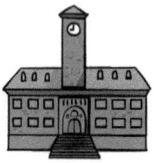

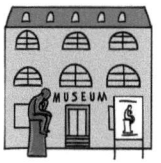

museo

博物館

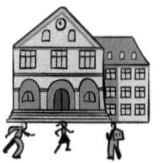

koulu

學校

yliopisto

大學

pankki

銀行

sairaala

醫院

hotelli

飯店

apteekki

藥房

toimisto

辦公室

kirjakauppa

書店

liike

商店

kukkakauppa

花店

supermarketti

超市

tori

市場

tavaratalo

百貨商店

kalakauppias

魚店

ostoskeskus

購物中心

satama

海港

puisto

公園

penkki

長凳

silta

橋

portaat

樓梯

metro

捷運

tunneli

隧道

linja-autopysäkki

公車站

baari

酒吧

ravintola

餐館

postilaatikko

郵筒

katukyltti

路標

parkkimittari

停車計時器

eläintarha

動物園

uimala

游泳池

moskeija

清真寺

maatila

農場

ympäristön saastuminen

污染

hautausmaa

墓地

kirkko

教堂

leikkikenttä

操場

temppeli

寺廟

maisema

地形

lehti
樹葉

tienviitta
指示牌

tie
路

niitty
草地

kivi
石頭

retkeilijä
徒步旅行者

puu
樹

joki
河

ruoho
草

kukka
花

laakso

峽谷

vuori

丘陵

järvi

湖

metsä

森林

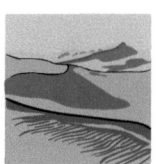

aavikko

沙漠

tulivuori

火山

linna

城堡

sateenkaari

彩虹

sieni

蘑菇

palmu

棕櫚樹

hyttynen

蚊子

kärpänen

蒼蠅

muurahainen

螞蟻

mehiläinen

蜜蜂

hämähäkki

蜘蛛

kovakuoriainen

甲蟲

sammakko

青蛙

orava

松鼠

siili

刺蝟

jänis

野兔

pöllö

貓頭鷹

lintu

鳥

joutsen

天鵝

villisika

野豬

peura

鹿

hirvi

麋鹿

pato

水壩

tuulimylly

風力發電機

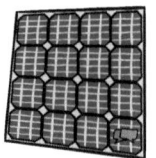

aurinkopaneeli

太陽能電池板

ilmasto

氣候

ravintola
餐館

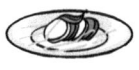

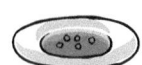

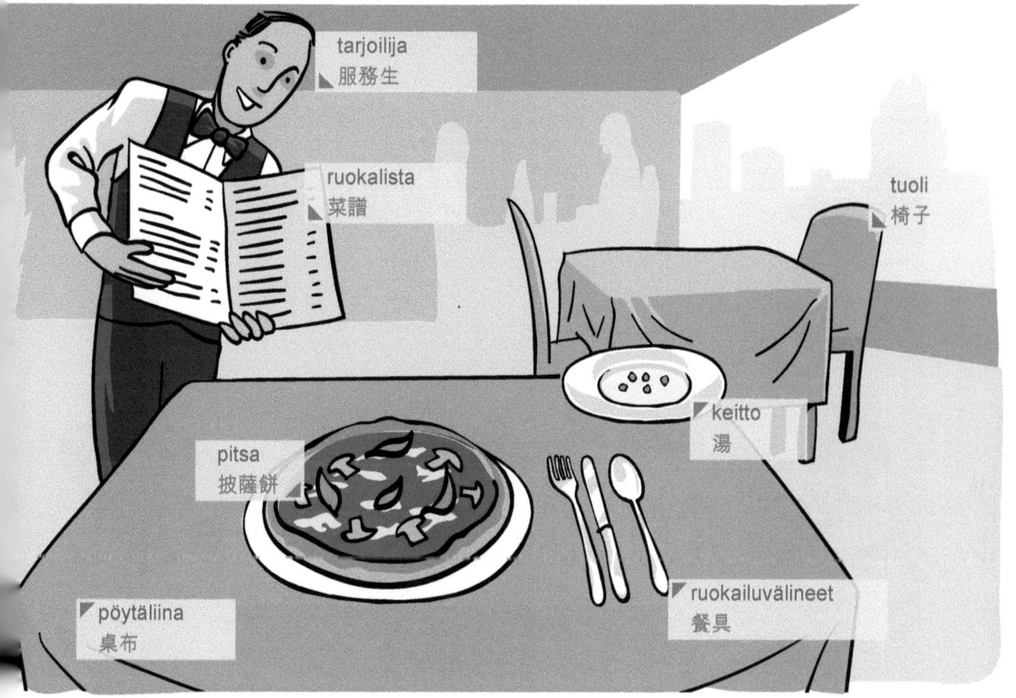
tarjoilija
服務生
ruokalista
菜譜
tuoli
椅子
keitto
湯
pitsa
披薩餅
pöytäliina
桌布
ruokailuvälineet
餐具

alkuruoka
前菜

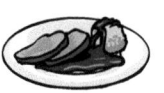

pääruoka
主菜

jälkiruoka
甜點

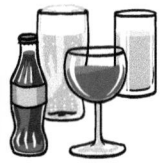

juomat
飲料

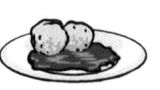

ruoka
食物

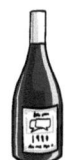

pullo
瓶子

pikaruoka

速食

katuruoka

街邊小吃

teekannu

茶壺

sokeriastia

糖盒

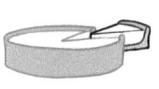

annos

一份飯菜

espressokeitin

義式咖啡機

syöttötuoli

高腳椅

lasku

帳單

tarjotin

托盤

veitsi

刀

haarukka

餐叉

lusikka

勺子

teelusikka

茶匙

servietti

餐巾

lasi

玻璃杯

lautanen

碟子

syvä lautanen

湯盤

aluslautanen

碟子

kastike

醬

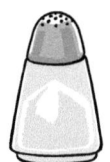

suolasirotin

鹽瓶

pippurimylly

胡椒研磨罐

etikka

醋

öljy

食用油

mausteet

調味料

ketsuppi

番茄醬

sinappi

芥末

majoneesi

美乃滋

supermarketti

超市

tarjous
特價
FOR
asiakas
顧客
maitotuotteet
乳製品
hedelmät
水果
ostoskärryt
購物車

BUTCHERS

teurastamo

肉鋪

BAKERY

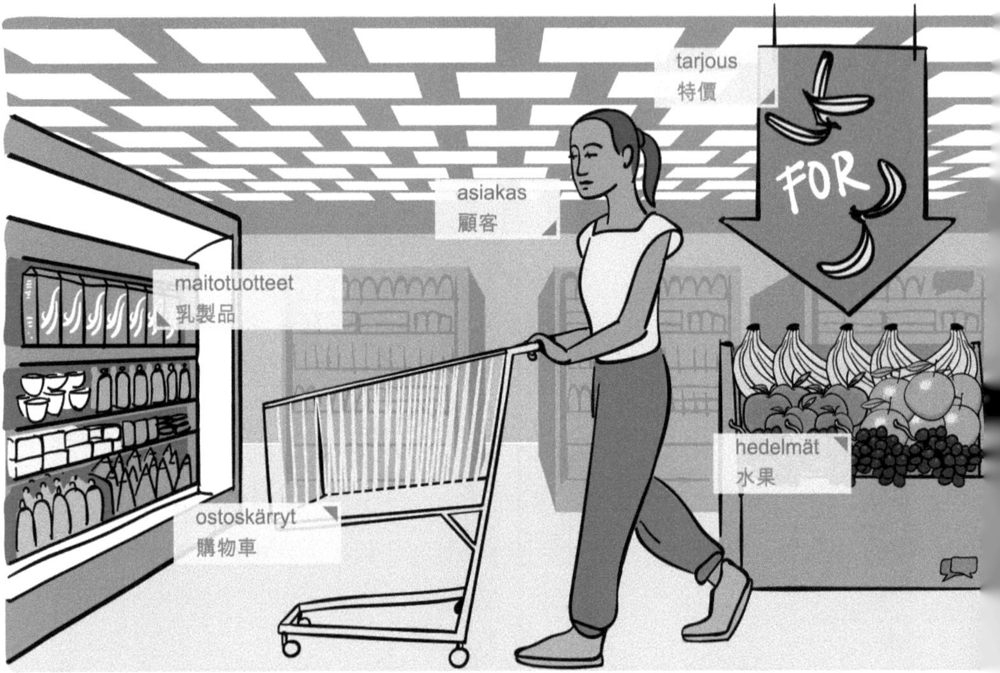

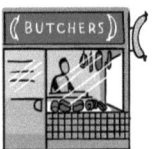

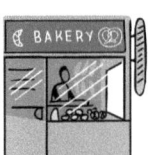

leipomo

麵包店

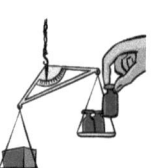

punnita

稱重

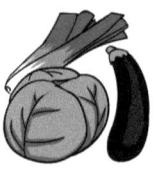

kasvikset

蔬菜

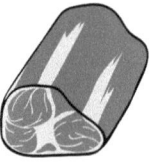

liha

肉

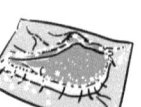

pakasteet

冷凍食品

leikkele

冷盤

säilykkeet

罐頭食品

pesujauhe

洗衣粉

makeiset

甜食

kotitaloustarvikkeet

日用品

puhdistusaineet

清潔用品

myyjä

銷售員

kassa

收銀機

kassanhoitaja

收銀員

ostoslista

購物清單

aukioloajat

開放時間

lompakko

錢包

luottokortti

信用卡

kassi

袋子

muovipussi

塑膠袋

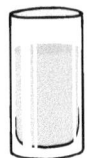

vesi

水

mehu

果汁

maito

牛奶

kokis

可樂

viini

紅酒

olut

啤酒

alkoholi

酒

kaakao

可可

tee

茶

kahvi

咖啡

espresso

義式濃縮咖啡

cappuccino

卡布奇諾

banaani

香蕉

omena

蘋果

appelsiini

柳丁

meloni

西瓜

sitruuna

檸檬

porkkana

胡蘿蔔

valkosipuli

大蒜

bambu

竹子

sipuli

洋蔥

sieni

蘑菇

pähkinät

堅果

spagetti

麵條

spagetti

義大利麵

riisi

米飯

salaatti

沙拉

ranskalaiset

薯條

paistetut perunat

炸馬鈴薯

pitsa

披薩餅

hampurilainen

漢堡

voileipä

三明治

leike

炸豬排

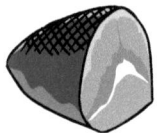

kinkku

火腿

salami

義大利臘腸

makkara

香腸

kana

雞肉

paisti

烤肉

kala

魚

kaurahiutaleet

燕麥片

mysli

木斯里

murot

玉米片

jauho

麵粉

voisarvi

牛角麵包

sämpylä

麵包捲

leipä

麵包

paahtoleipä

吐司

keksit

餅乾

voi

奶油

rahka

凝乳

kakku

蛋糕

kananmuna

蛋

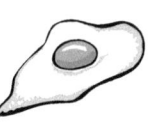

paistettu kananmuna

煎蛋

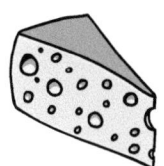

juusto

起司

jäätelö

冰淇淋

sokeri

糖

hunaja

蜂蜜

hillo

果醬

suklaapähkinälevite

巧克力醬

curry

咖哩

maatila
農舍

lato; liiteri
糧倉

heinäpaali
稻草捆

pelto
田野

hevonen
馬

peräkärry
拖車

traktori
拖拉機

varsa
馬駒

aasi
驢

karitsa
羔羊

lammas
羊

vuohi
山羊

lehmä
奶牛

vasikka
小牛

sika
豬

porsas
小豬

sonni
公牛

hanhi

鵝

ankka

鴨

tipu

小雞

kana

母雞

kukko

公雞

rotta

鼠

kissa

貓

hiiri

老鼠

härkä

牛

koira

狗

koirankoppi

狗屋

puutarhaletku

花園澆水軟管

kastelukannu

澆水壺

viikate

長柄大鐮刀

aura

犁

sirppi

鐮刀

kuokka

鋤頭

talikko

長柄草耙

kirves

斧頭

kottikärryt

獨輪手推車

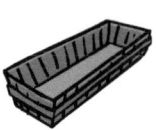

kaukalo

飼料槽

maitokannu

牛奶罐

säkki

麻布袋

aita

柵欄

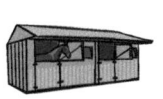

talli

馬廄

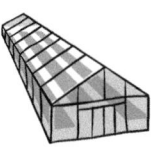

kasvihuone

溫室

maa

土壤

siemen

種子

lannoite

肥料

leikkuupuimuri

聯合收割機

kerätä sato

收割

sato

收割

jamssit

地瓜

vehnä

小麥

soija

大豆

peruna

土豆

maissi

玉米

rypsi

油菜籽

hedelmäpuu

果樹

maniokki

樹薯

vilja

穀物

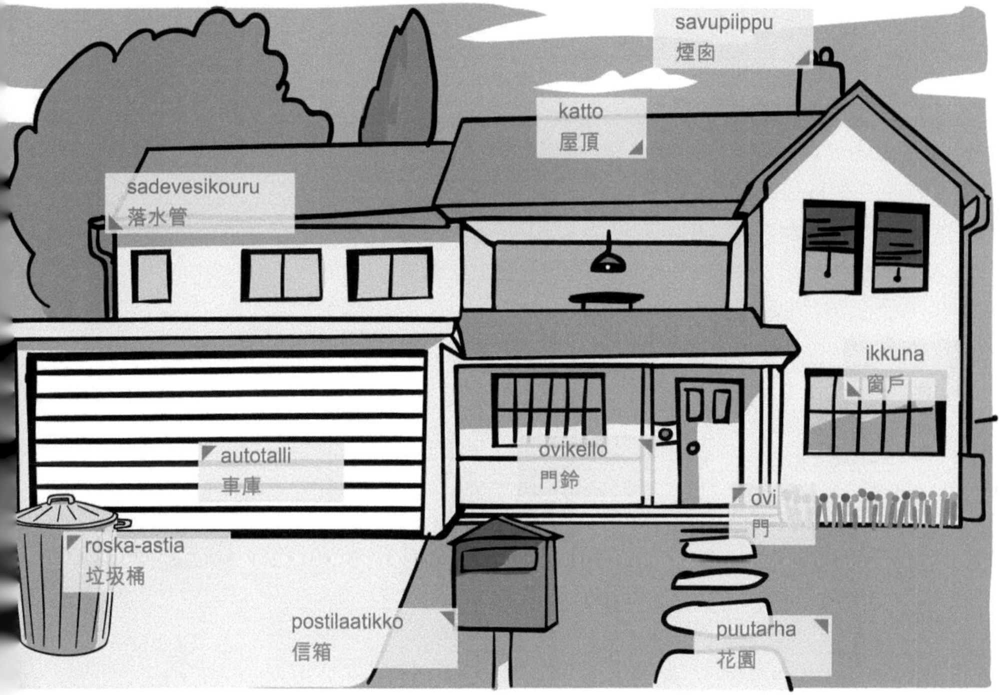

savupiippu
煙囪

katto
屋頂

sadevesikouru
落水管

ikkuna
窗戶

autotalli
車庫

ovikello
門鈴

ovi
門

roska-astia
垃圾桶

postilaatikko
信箱

puutarha
花園

olohuone

客廳

kylpyhuone

浴室

keittiö

廚房

makuuhuone

臥室

lastenhuone

兒童房

ruokahuone

餐廳

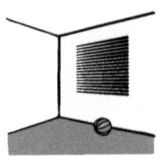

lattia
地板

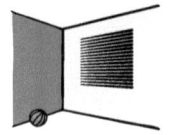

seinä
牆壁

katto
天花板

kellari
地窖

sauna
三溫暖

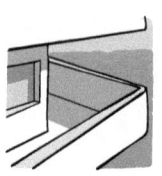

parveke
陽臺

terassi
露臺

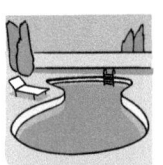

uima-allas
游泳池

ruohonleikkuri
割草機

lakana
被單

päiväpeitto
床罩

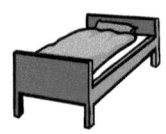

sänky
床

harja
掃帚

ämpäri
水桶

katkaisin
開關

olohuone

客廳

tapetti
壁紙
kuva
相片
lamppu
檯燈
hylly
擱架
kaappi
櫥櫃
televisio
電視
takka
壁爐
kukka
花
tyyny
墊子
sohva
沙發
maljakko
花瓶
kaukosäädin
遙控器

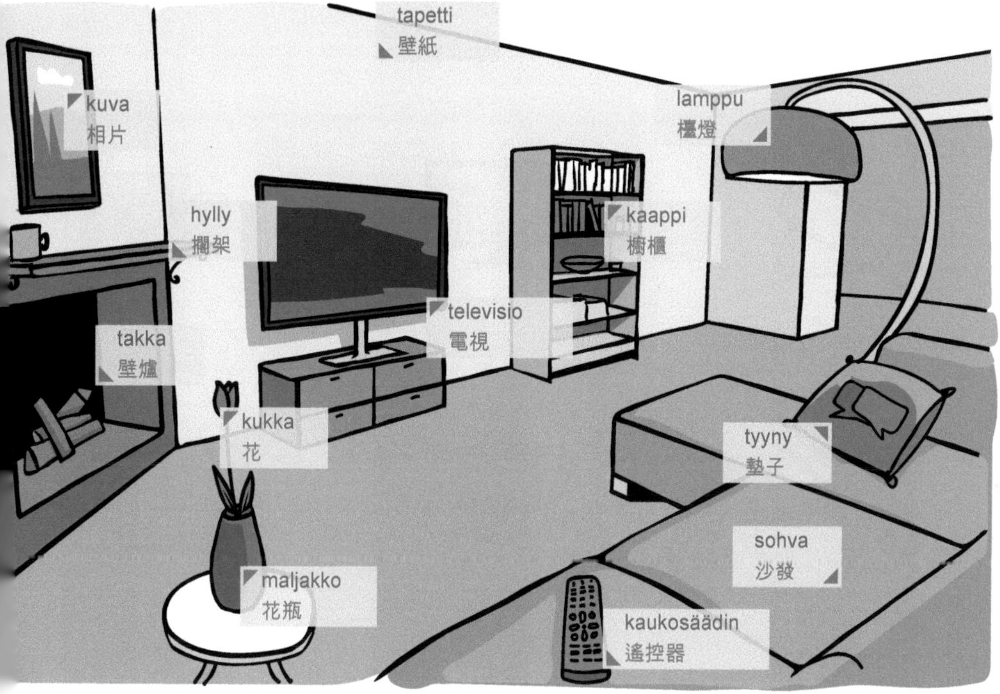

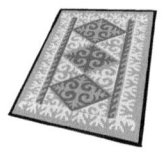

matto

地毯

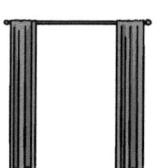

verho

窗簾

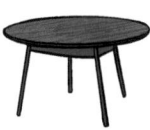

pöytä

餐桌

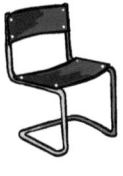

tuoli

椅子

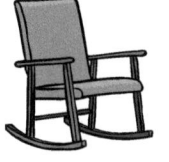

keinutuoli

搖椅

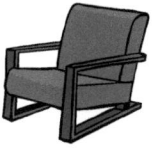

nojatuoli

扶手椅

kirja
書

peitto
毯子

koriste
裝飾品

polttopuut
木柴

elokuva
電影

stereot
高傳真音響

avain
鑰匙

sanomalehti
報紙

maalaus
油畫

juliste
海報

radio
收音機

muistivihko
筆記本

pölynimuri
吸塵器

kaktus
仙人掌

kynttilä
蠟燭

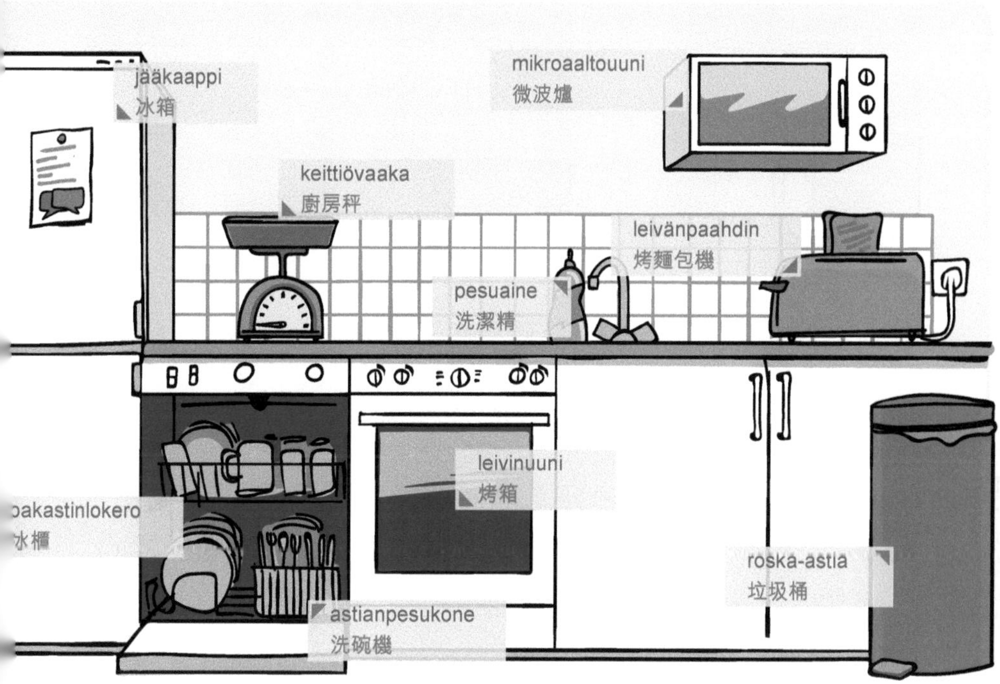

jääkaappi
冰箱

mikroaaltouuni
微波爐

keittiövaaka
廚房秤

leivänpaahdin
烤麵包機

pesuaine
洗潔精

leivinuuni
烤箱

pakastinlokero
冰櫃

roska-astia
垃圾桶

astianpesukone
洗碗機

liesi

炊具

kattila

鍋

rautapata

鑄鐵鍋

pannu / kadai-pannu

炒鍋

paistinpannu

平底鍋

teepannu

水壺

höyrykeitin

蒸鍋

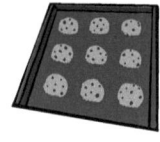

uunipelti

烤盤

astiat

陶瓷鍋

muki

馬克杯

kulho

碗

syömäpuikot

筷子

kauha

長柄勺

paistinlasta

鏟子

vispilä

攪拌器

siivilä

濾網

siivilä

篩子

raastin

磨碎機

mortteli

研缽

grilli

燒烤

avotuli

明火

leikkuulauta

菜板

kaulin

擀麵杖

korkinavaaja

開瓶器

purkki

罐子

purkinavaaja

開罐器

pannulappu

隔熱手套

lavuaari

水槽

tiskiharja

刷子

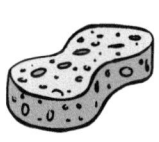

pesusieni

海綿

tehosekoitin

攪拌機

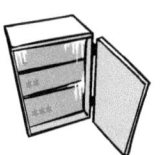

pakastin

冷藏箱

tuttipullo

奶瓶

vesihana

水龍頭

kylpyhuone

浴室

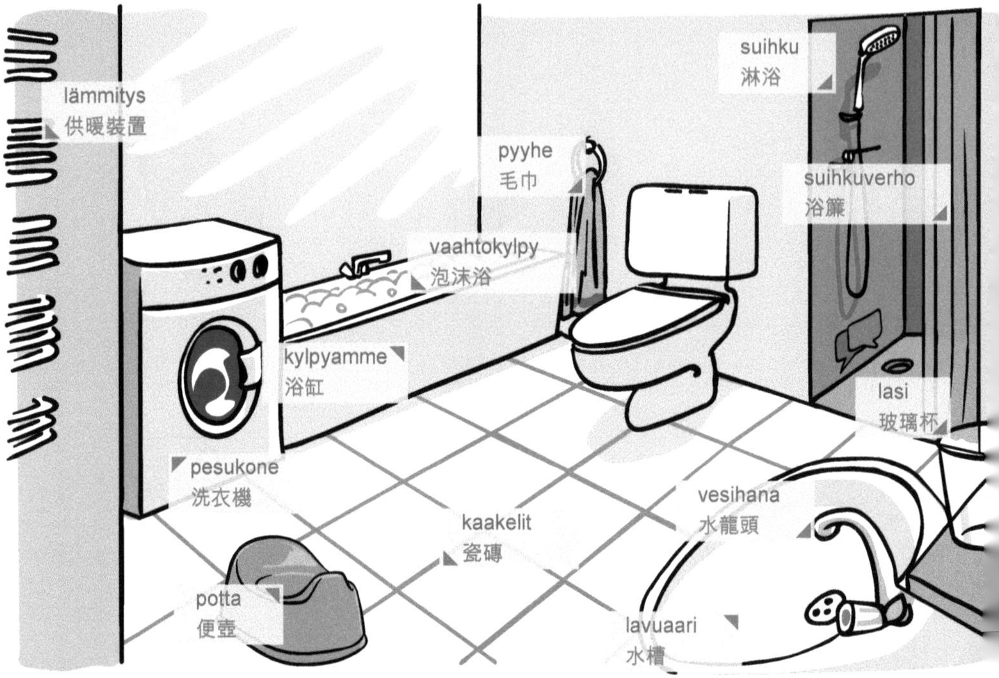

lämmitys
供暖裝置
pyyhe
毛巾
suihku
淋浴
suihkuverho
浴簾
vaahtokylpy
泡沫浴
kylpyamme
浴缸
lasi
玻璃杯
pesukone
洗衣機
vesihana
水龍頭
kaakelit
瓷磚
potta
便壺
lavuaari
水槽

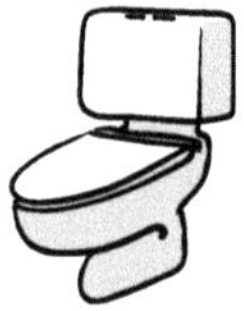

vessa

廁所

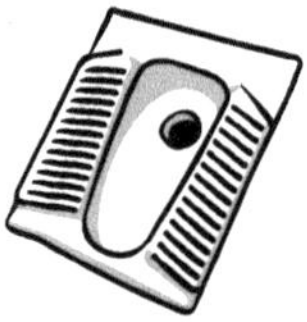

kyykkyvessa

蹲便器

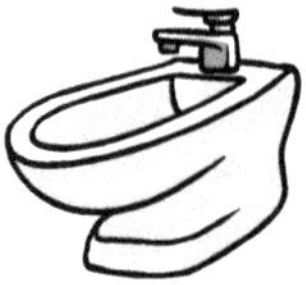

bidee

坐浴器

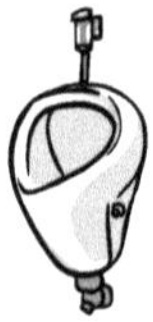

pisuaari

小便斗

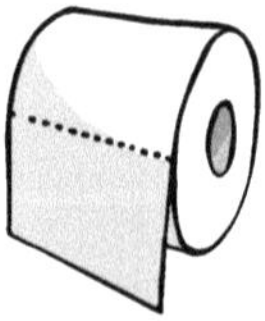

vessapaperi

廁紙

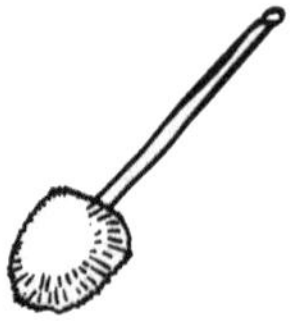

vessaharja

馬桶刷

hammasharja

牙刷

hammastahna

牙膏

hammaslanka

牙線

pestä

洗

käsisuihku

手持式蓮蓬頭

intiimisuihku

沖洗器

pesuvati

洗臉盆

selkäharja

洗背刷

saippua

肥皂

suihkugeeli

沐浴露

shampoo

洗髮乳

pesulappu

法蘭絨

viemäri

排水

voide

乳霜

deodorantti

除臭劑

peili

鏡子

käsipeili

手鏡

partaveitsi

刮鬍刀

partavaahto

刮鬍泡沫

partavesi

鬍後水

kampa

梳子

harja

刷子

hiustenkuivaaja

吹風機

hiuslakka

噴髮定型劑

meikki

化妝品

huulipuna

唇膏

kynsilakka

指甲油

pumpuli

化妝棉

kynsisakset

指甲剪

hajuvesi

香水

kosmetiikkalaukku

洗漱包

jakkara

凳子

vaaka

計重秤

kylpytakki

浴袍

kumihansikkaat

橡膠手套

tamponi

衛生棉條

terveysside

衛生棉

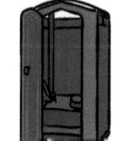

kemiallinen wc

化學廁所

lastenhuone

兒童房

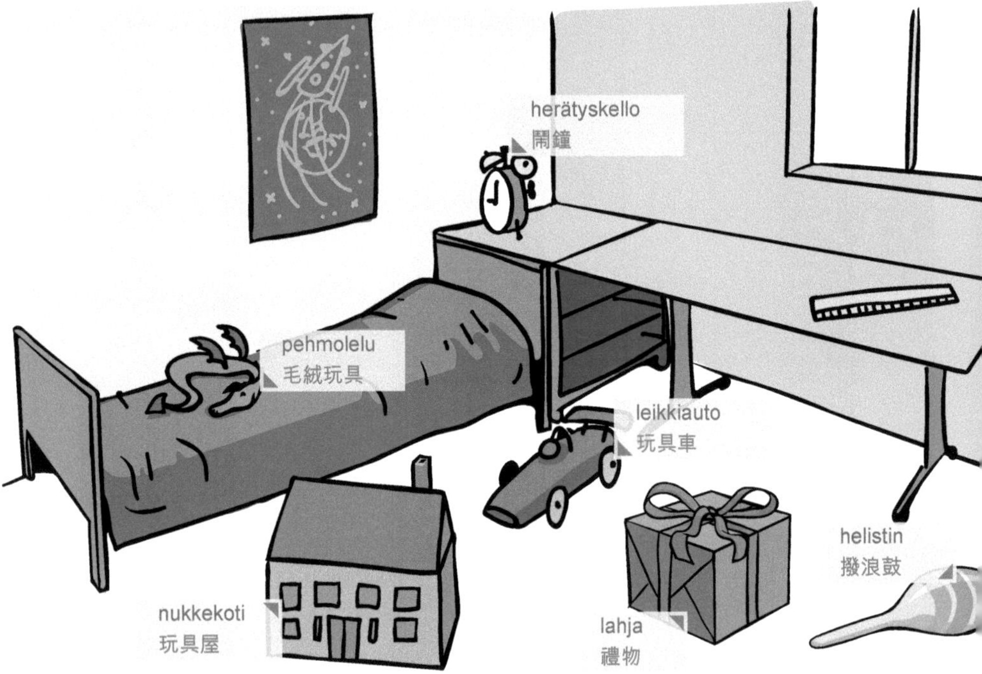
herätyskello
鬧鐘
pehmolelu
毛絨玩具
leikkiauto
玩具車
helistin
撥浪鼓
nukkekoti
玩具屋
lahja
禮物

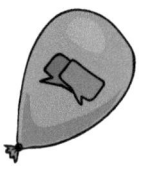

ilmapallo

氣球

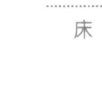

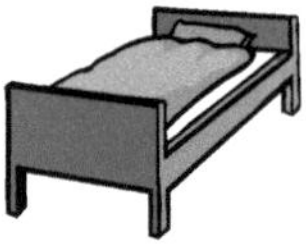

sänky

床

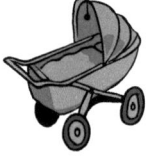

lastenvaunut

嬰兒車

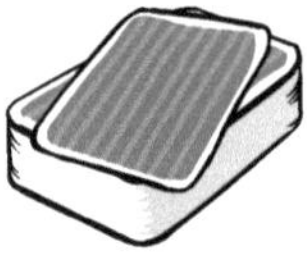

korttipeli

撲克牌

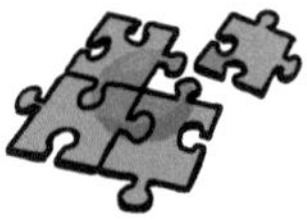

palapeli

拼圖

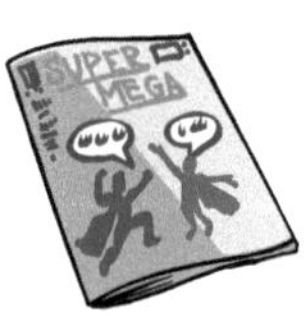
SUPER
MEGA

sarjakuva

漫畫

legopalikat

樂高積木

rakennuspalikat

積木玩具

supersankari

公仔

potkupuku

嬰兒服

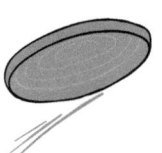

frisbee

飛盤

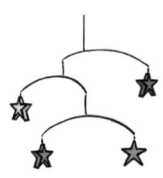

mobile

床鈴玩具

lautapeli

棋盤遊戲

noppa

骰子

pienoisjunarata

火車模型

tutti

安撫奶嘴

juhlat

派對

kuvakirja

繪本

pallo

球

nukke

洋娃娃

leikkiä

玩

hiekkalaatikko

沙坑

keinu

鞦韆

lelut

玩具

pelikonsoli

電玩遊戲

kolmipyörä

三輪車

nalle

泰迪熊

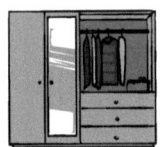

vaatekaappi

衣櫃

vaatteet

衣服

sukat

襪子

nylonsukat

長襪

sukkahousut

緊身褲

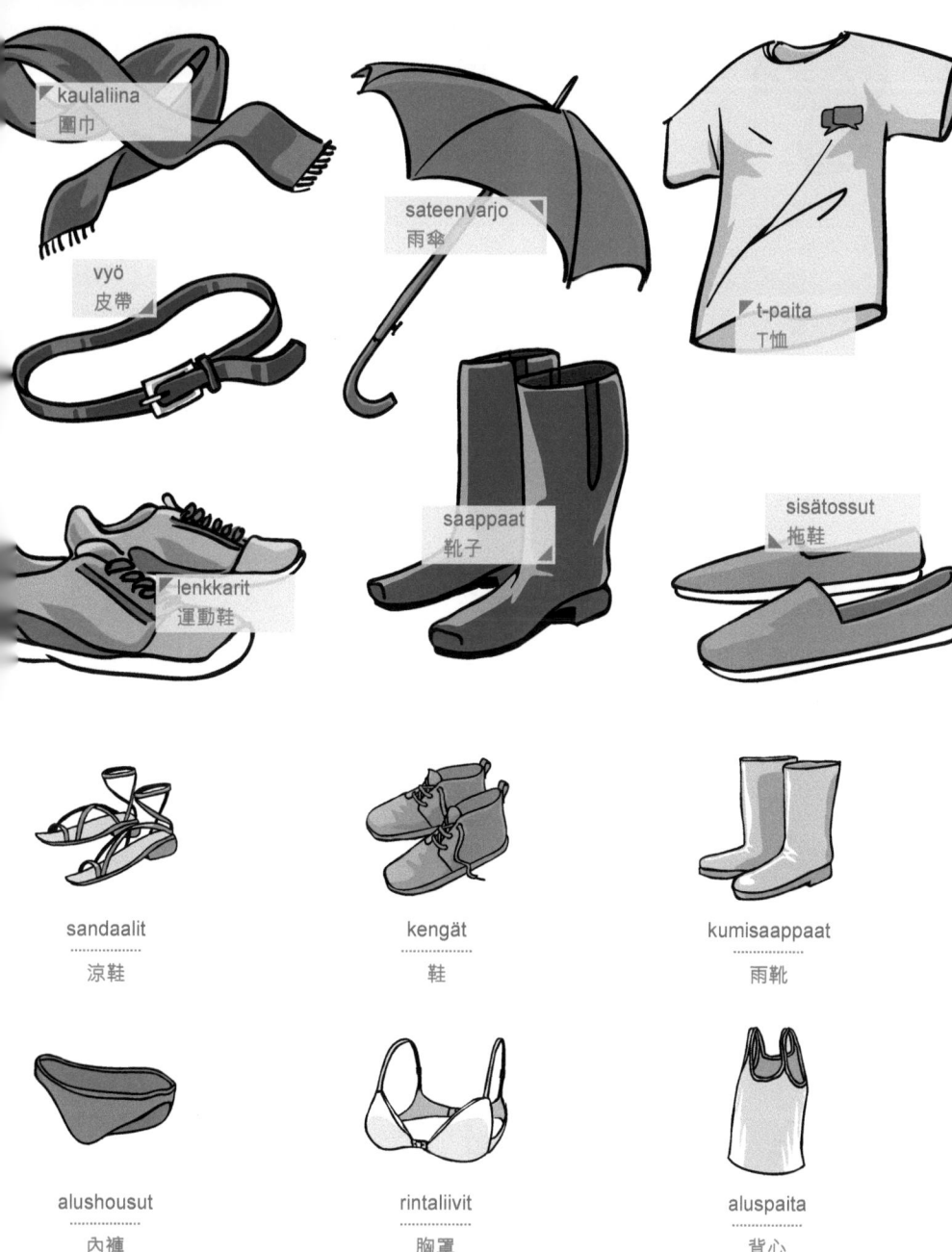

kaulaliina
圍巾

sateenvarjo
雨傘

t-paita
T恤

vyö
皮帶

lenkkarit
運動鞋

saappaat
靴子

sisätossut
拖鞋

sandaalit
涼鞋

kengät
鞋

kumisaappaat
雨靴

alushousut
內褲

rintaliivit
胸罩

aluspaita
背心

body

身體

housut

褲子

farkut

牛仔褲

hame

短裙

pusero

女式襯衫

paita

襯衫

villapaita

套頭衫

collegepaita

連帽上衣

jakku

西裝夾克

takki

夾克

takki

外套

sadetakki

雨衣

puku

套裝

mekko

連衣裙

hääpuku

婚紗

puku
西裝

yöpaita
睡袍

pyjama
睡衣

shari
莎麗

päähuivi
頭巾

turbaani
包頭巾

burka
波卡

kaftaani
卡夫坦

abaya
(阿拉伯式)長袍

uimapuku
泳衣

uimahousut
男式泳褲

shortsit
短褲

verkkarit
運動服

esiliina
圍裙

käsineet
手套

nappi

鈕扣

silmälasit

眼鏡

rannekoru

手鏈

kaulakoru

項鍊

sormus

戒指

korvakoru

耳環

lippalakki

便帽

ripustin

衣架

hattu

帽子

solmio

領帶

vetoketju

拉鍊

kypärä

安全帽

henkselit

背帶

koulupuku

校服

univormu

制服

ruokalappu

圍兜

tutti

安撫奶嘴

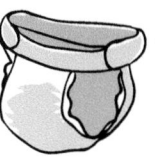

vaippa

尿布

toimisto
辦公室

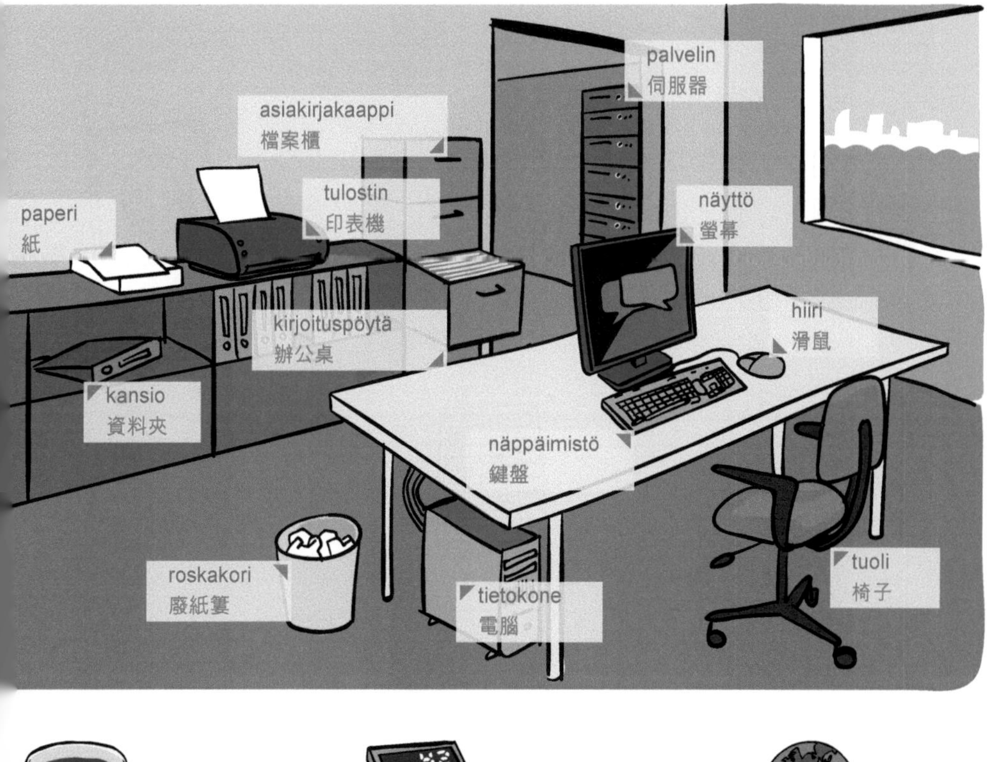

palvelin
伺服器

asiakirjakaappi
檔案櫃

tulostin
印表機

näyttö
螢幕

paperi
紙

kirjoituspöytä
辦公桌

hiiri
滑鼠

kansio
資料夾

näppäimistö
鍵盤

roskakori
廢紙簍

tietokone
電腦

tuoli
椅子

kahvimuki

咖啡杯

taskulaskin

計算機

internet

網際網路

kannettava tietokone

筆記型電腦

kirje

信件

viesti

簡訊

kännykkä

行動電話

verkko

網路

kopiokone

影印機

ohjelmisto

軟體

puhelin

電話

pistorasia

插座

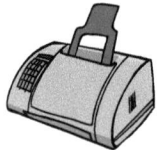

faksi

傳真機

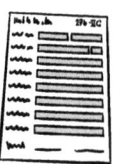

lomake

表格

asiakirja

檔案

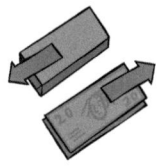

ostaa

買

maksaa

付錢

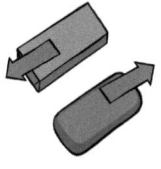

vaihtaa

交易

raha

現金

dollari

美元

euro

歐元

jeni

日元

rupla

盧布

frangi

瑞士法郎

renminbi juan

人民幣

rupia

盧比

pankkiautomaatti

提款處

rahanvaihto

外幣兌換處

kulta

金

hopea

銀

öljy

石油

energia

能源

hinta

價格

sopimus

合約

vero

稅金

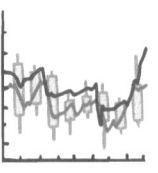

osake

股票

työskennellä

工作

työntekijä

職員

työnantaja

老闆

tehdas

工廠

liike

商店

ammatit
職業

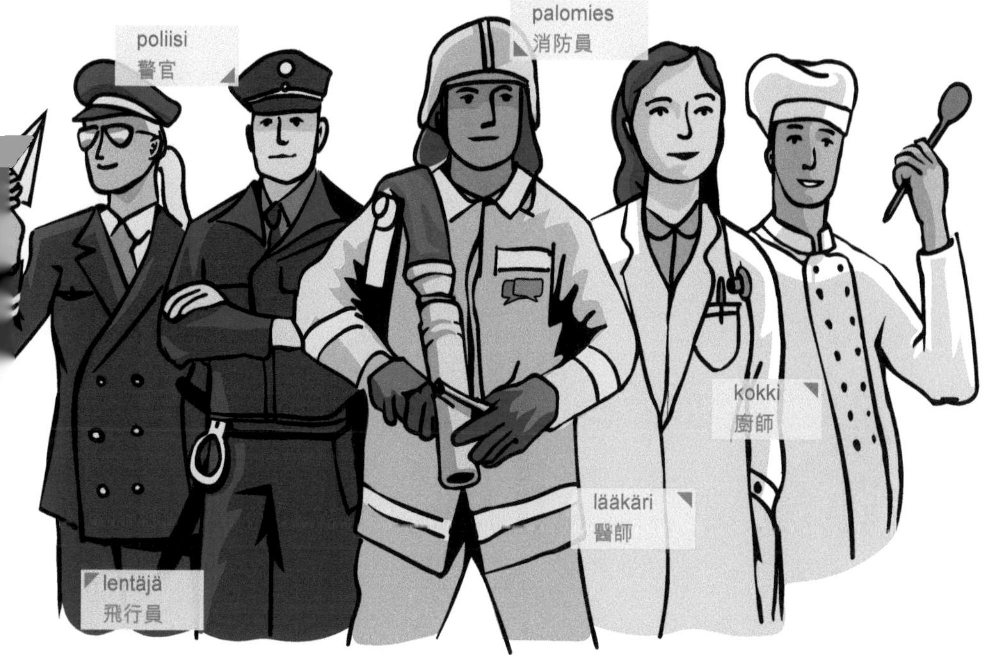
poliisi
警官
palomies
消防員
kokki
廚師
lääkäri
醫師
lentäjä
飛行員

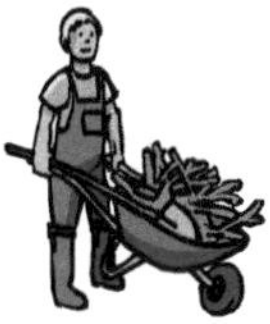

puutarhuri

園丁

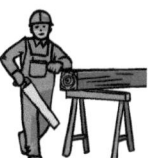

puuseppä

木匠

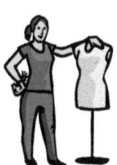

ompelija

裁縫

tuomari

法官

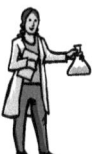

kemisti

化學家

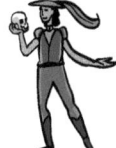

näyttelijä

演員

linja-autonkuljettaja

公車司機

taksinkuljettaja

計程車司機

kalastaja

漁夫

siivooja

清洗女工

katontekijä

屋頂工

tarjoilija

服務生

metsästäjä

獵人

maalari

畫家

leipuri

麵包師

sähköasentaja

電工

rakentaja

建築工人

insinööri

工程師

teurastaja

屠夫

putkiasentaja

水管工

postinjakaja

郵差

sotilas

士兵

arkkitehti

建築師

kassanhoitaja

收銀員

floristi

花農

kampaaja

理髮師

konduktööri

售票員

mekaanikko

機械技師

kapteeni

船長

hammaslääkäri

牙醫

tiedemies

科學家

rabbi

拉比

imaami

伊瑪目

munkki

和尚

pappi

牧師

työkalut

工具

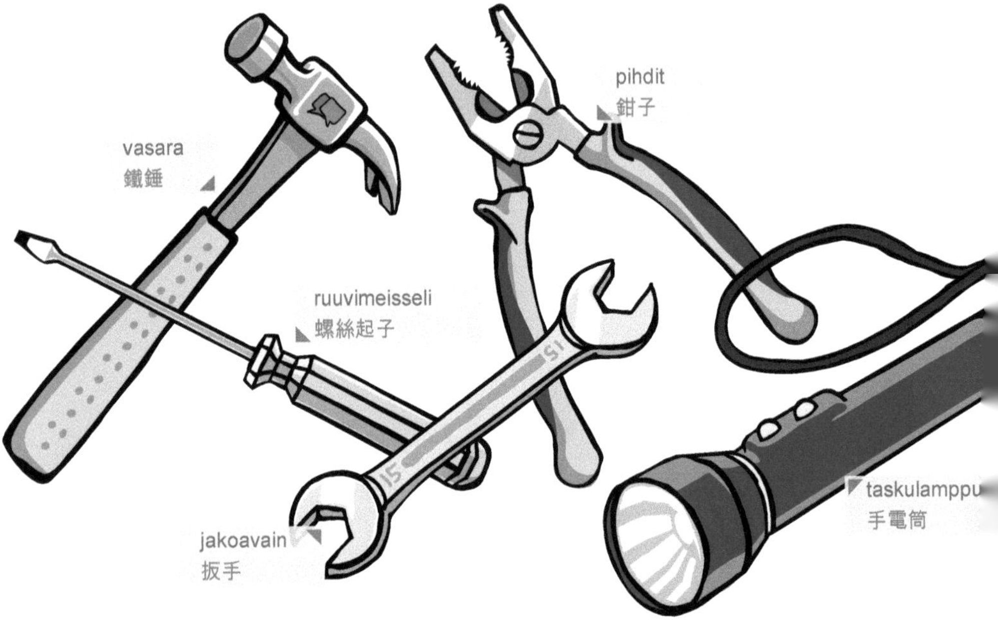
pihdit
鉗子
vasara
鐵錘
ruuvimeisseli
螺絲起子
taskulamppu
手電筒
jakoavain
扳手

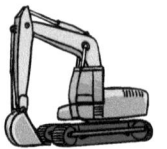

kaivinkone

挖掘機

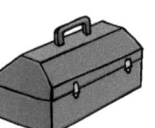

työkalupakki

工具箱

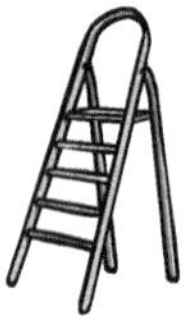

tikkaat

梯子

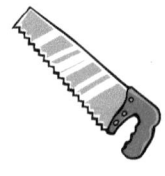

saha

鋸子

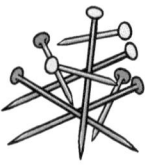

naulat

釘子

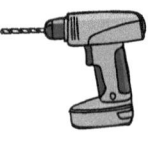

pora

鑽機

korjata

修

lapio

鏟子

Hitto!

糟糕！

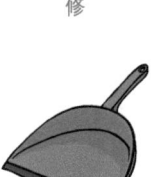

rikkalapio

畚箕

maalipurkki

油漆桶

ruuvit

螺絲

soittimet

樂器

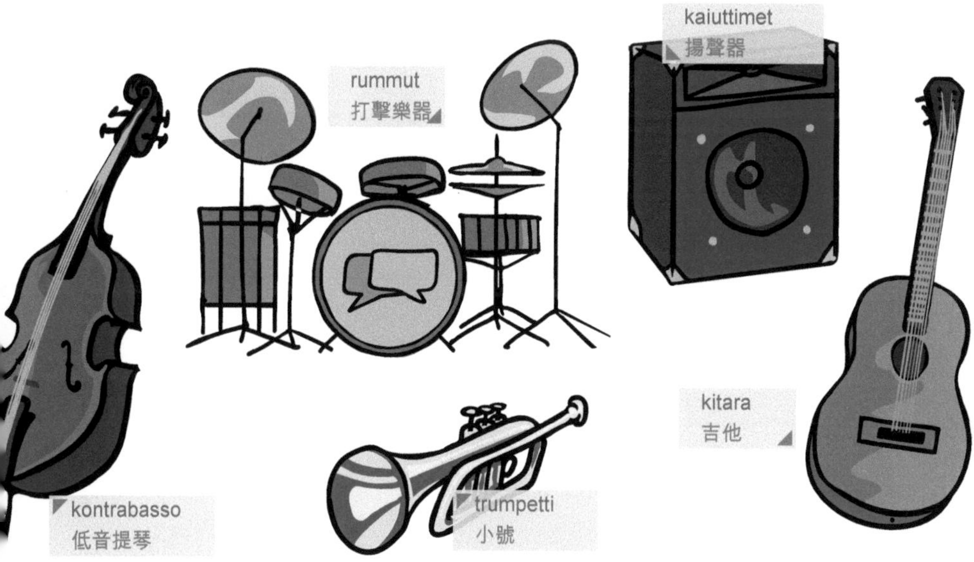

kaiuttimet
揚聲器

rummut
打擊樂器

kitara
吉他

kontrabasso
低音提琴

trumpetti
小號

piano

鋼琴

viulu

小提琴

basso

貝斯

patarummut

定音鼓

rumpu

鼓

kosketinsoitin

電子琴

saksofoni

薩克斯風

huilu

長笛

mikrofoni

麥克風

eläintarha

動物園

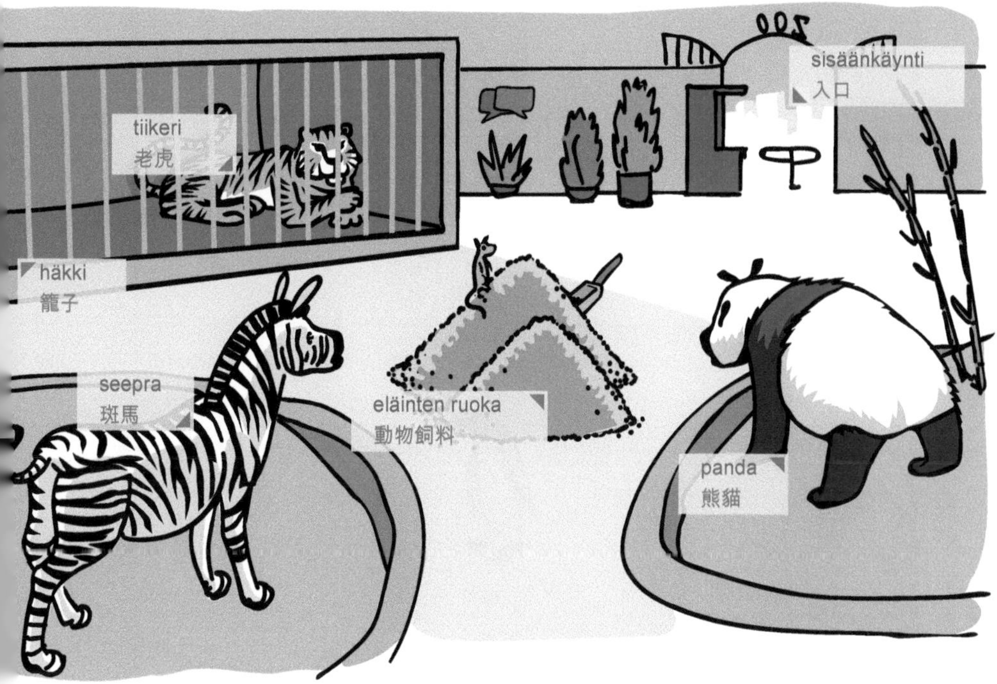

tiikeri
老虎
häkki
籠子
seepra
斑馬
eläinten ruoka
動物飼料
sisäänkäynti
入口
panda
熊貓

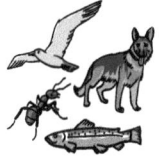

eläimet

動物

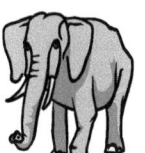

norsu

大象

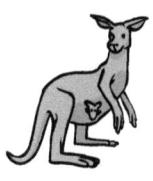

kenguru

袋鼠

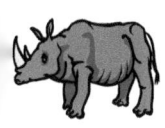

sarvikuono

犀牛

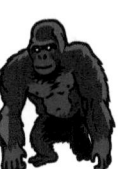

gorilla

大猩猩

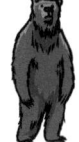

karhu

熊

kameli

駱駝

strutsi

鴕鳥

leijona

獅子

apina

猴子

flamingo

紅鶴

papukaija

鸚鵡

jääkarhu

北極熊

pingviini

企鵝

hai

鯊魚

riikinkukko

孔雀

käärme

蛇

krokotiili

鱷魚

eläintarhanhoitaja

動物園管理員

hylje

海豹

jaguaari

美洲豹

poni

矮種馬

leopardi

豹

virtahepo

河馬

kirahvi

長頸鹿

kotka

老鷹

villisika

野豬

kala

魚

kilpikonna

龜

mursu

海象

kettu

狐狸

gaselli

羚羊

amerikkalainen jalkapallo
橄欖球

pyöräily
騎腳踏車

tennis
網球

koripallo
籃球

uinti
游泳

nyrkkeily
拳擊

jääkiekko
冰球

jalkapallo
美式足球

sulkapallo
羽毛球

yleisurheilu
田徑

käsipallo
手球

hiihto
滑雪

poolo
馬球

62

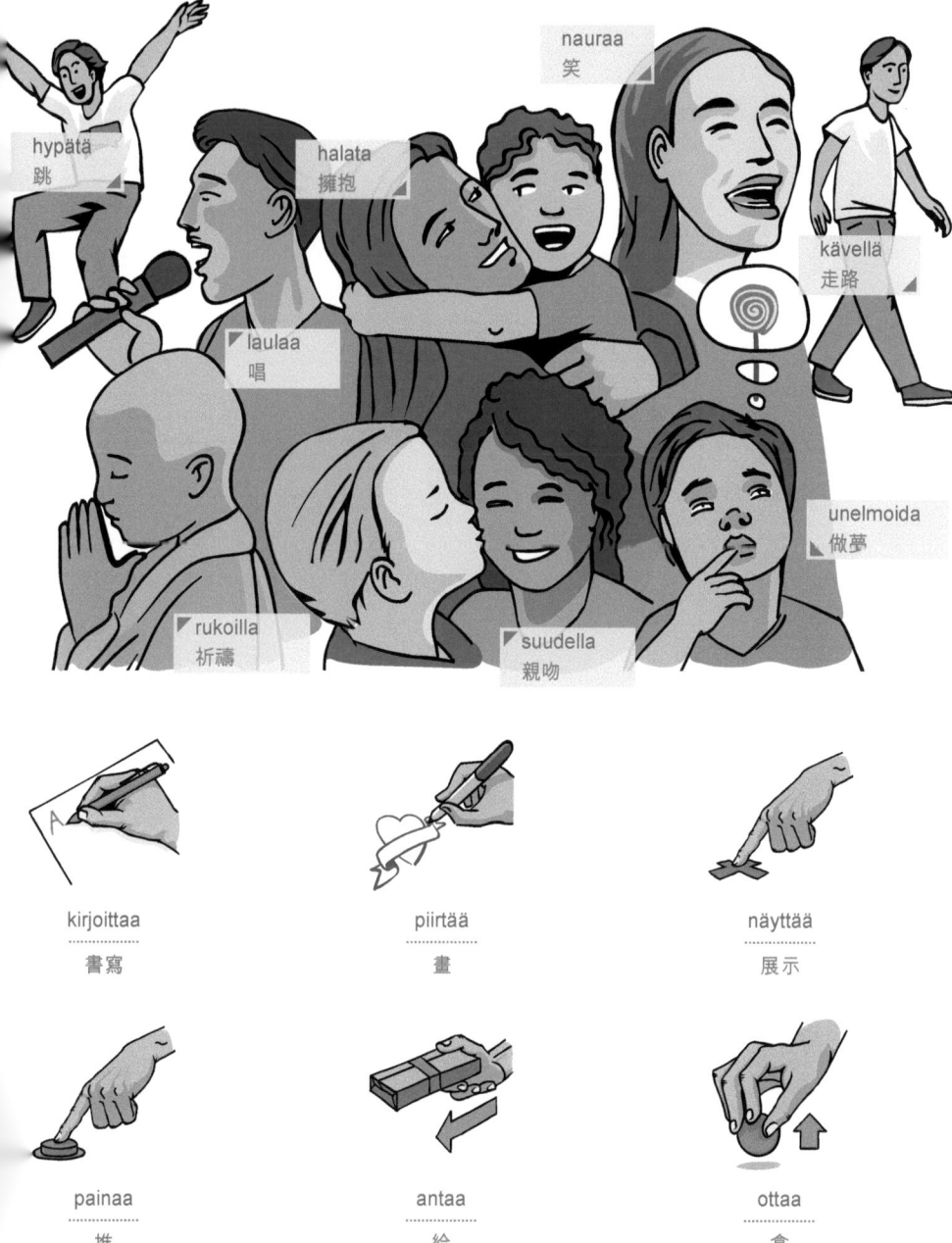

nauraa
笑

hypätä
跳

halata
擁抱

kävellä
走路

laulaa
唱

unelmoida
做夢

rukoilla
祈禱

suudella
親吻

kirjoittaa

書寫

piirtää

畫

näyttää

展示

painaa

推

antaa

給

ottaa

拿

omistaa

有

tehdä

做

olla

當

seisoa

站

juosta

跑

vetää

拉

heittää

丟

kaatua

摔倒

maata

躺

odottaa

等待

kantaa

攜帶

istua

坐

pukeutua

穿衣

nukkua

睡覺

herätä

醒來

katsoa

看

itkeä

哭

silittää

擊

kammata

梳頭

puhua

交談

ymmärtää

明白

kysyä

問

kuunnella

聽

juoda

喝

syödä

吃

siivota

清理

rakastaa

愛

keittää

做飯

ajaa

開車

lentää

飛

purjehtia

航行

laskea

計算

lukea

讀

oppia

學習

työskennellä

工作

mennä naimisiin

結婚

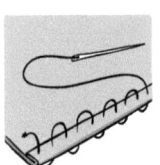

ommella

縫

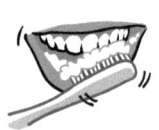

pestä hampaat

刷牙

tappaa

殺

tupakoida

抽菸

lähettää

寄

mummo
祖母

ukki
祖父

isä
父親

äti
母親

vauva
嬰兒

tytär
女兒

poika
兒子

vieras

客人

täti

阿姨

setä

叔叔

veli

兄弟

sisko

姐妹

vartalo
身體

otsa
前額
silmä
眼睛
olkapää
肩膀
sormet
手指
kasvot
臉
leuka
下巴
käsi
手
jalka
腿
rinta
乳房
käsivarsi
手臂

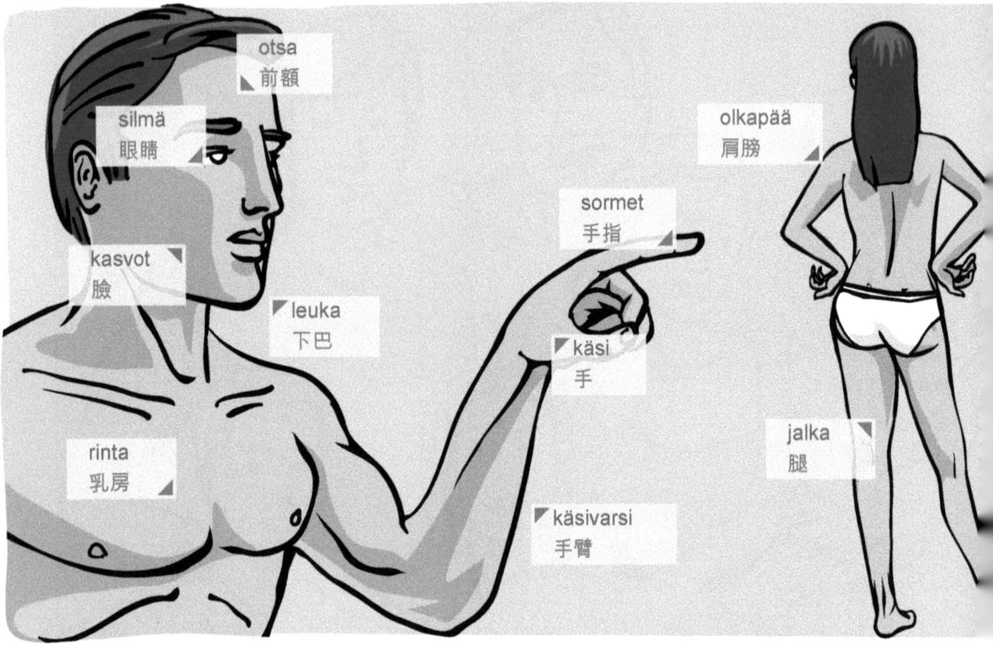

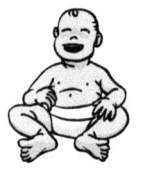

vauva
嬰兒

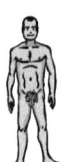

mies
男人

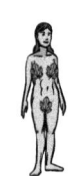

nainen
女人

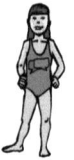

tyttö
女孩

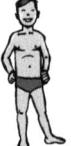

poika
男孩

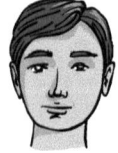

pää
頭

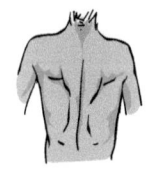

selkä

背部

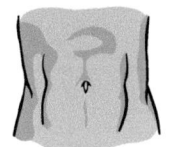

maha

肚子

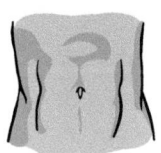

napa

肚臍

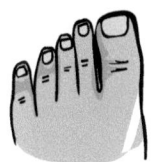

varvas

腳趾

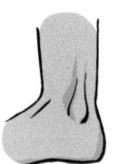

kantapää

腳後跟

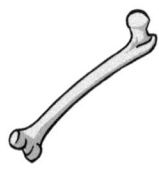

luu

骨頭

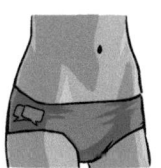

lantio

臀部

polvi

膝蓋

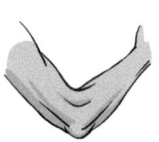

kyynärpää

手肘

nenä

鼻子

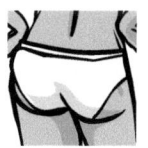

takapuoli

屁股

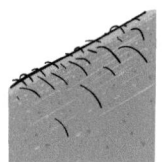

iho

皮膚

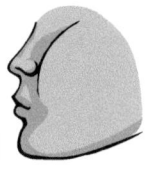

poski

臉頰

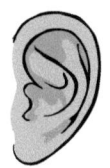

korva

耳朵

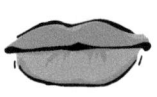

huuli

嘴唇

suu

嘴

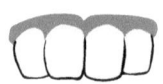

hammas

牙齒

kieli

舌頭

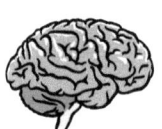

aivot

腦

sydän

心臟

lihas

肌肉

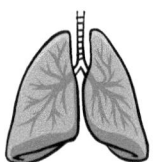

keuhkot

肺

maksa

肝臟

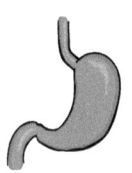

vatsa

胃

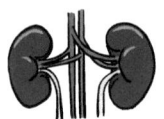

munuaiset

腎臟

seksi

性交

kondomi

保險套

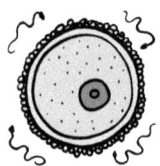

munasolu

卵子

sperma

精子

raskaus

懷孕

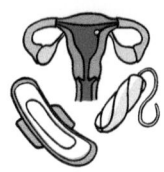

kuukautiset

月事

vagina

陰道

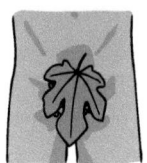

penis

陰莖

kulmakarvat

眉毛

hiukset

頭髮

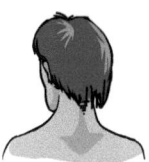

niska

脖子

sairaala
醫院

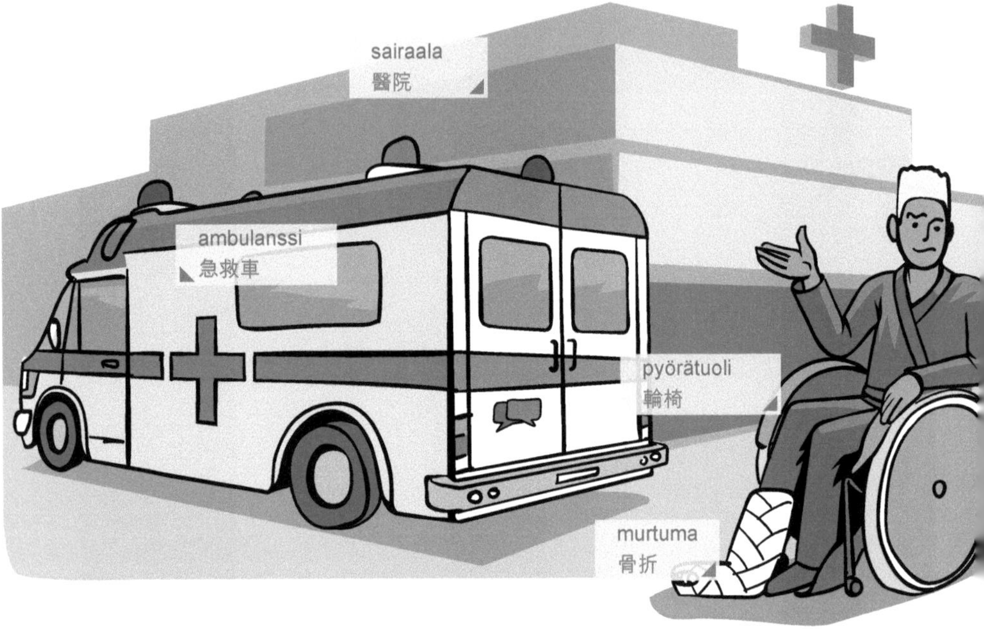

sairaala
醫院
ambulanssi
急救車
pyörätuoli
輪椅
murtuma
骨折

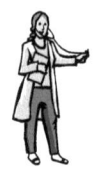

lääkäri
醫師

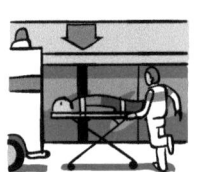

ensiapu
急診室

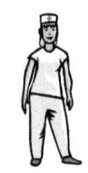

sairaanhoitaja
護理師

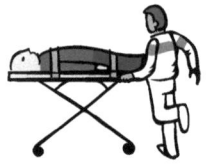

hätätilanne
緊急情形

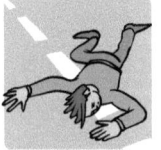

tajuton
昏迷

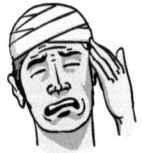

kipu
痛

vamma

受傷

verenvuoto

出血

sydänkohtaus

心臟病發作

aivoinfarkti

中風

allergia

過敏

yskä

咳嗽

kuume

發燒

flunssa

流感

ripuli

腹瀉

päänsärky

頭痛

syöpä

癌症

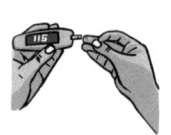

diabetes

糖尿病

kirurgi

外科醫師

veitsi

手術刀

leikkaus

手術

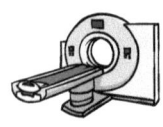

ct

電腦斷層掃描

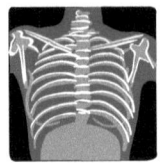

röntgen

X光

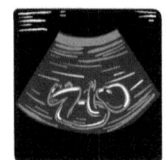

ultraääni

超音波

maski

口罩

sairaus

疾病

odotushuone

候診室

sauva

拐杖

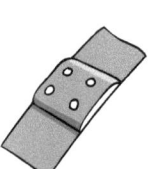

laastari

石膏

side

繃帶

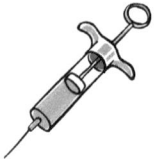

pistos

注射

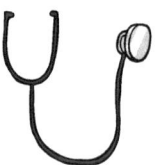

stetoskooppi

聽診器

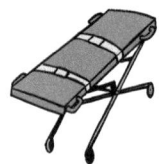

paarit

擔架

kuumemittari

體溫計

syntymä

出生

ylipaino

超重

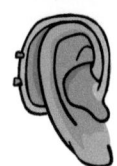

kuulolaite

助聽器

desinfiointiaine

消毒液

infektio

感染

virus

病毒

HIV / AIDS

愛滋病

lääke

藥物

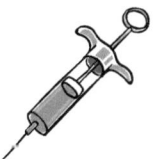

rokotus

接種疫苗

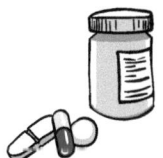

tabletit

藥片

pilleri

藥丸

hätäpuhelu

急救電話

verenpainemittari

血壓計

sairas / terve

生病/健康

Apua!

救命！

hälytys

警報

ryöstö

突擊

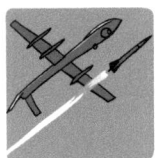

hyökkäys

攻擊

vaara

危險

hätäuloskäynti

緊急出口

Tulipalo!

失火了！

palosammutin

滅火器

onnettomuus

意外

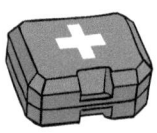

ensiapulaukku

急救箱

SOS

呼救訊號

poliisilaitos

員警

Eurooppa

歐洲

Pohjois-Amerikka

北美洲

Etelä-Amerikka

南美洲

Afrikka

非洲

Aasia

亞洲

Australia

澳洲

Atlantin valtameri

大西洋

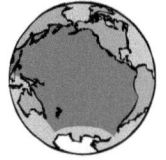

Tyynimeri

太平洋

Intian valtameri

印度洋

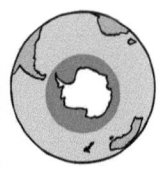

Eteläinen jäämeri

南冰洋

Pohjoinen jäämeri

北冰洋

pohjoisnapa

北極

etelänapa

南極

Antarktis

南極洲

maa

地球

maa

陸地

meri

海

saari

島

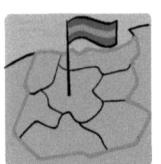

kansa

國家

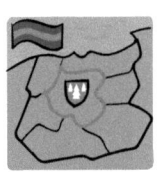

osavaltio

州

kellotaulu

錶盤

tuntiviisari

時針

minuuttiviisari

分針

sekuntiviisari

秒針

Paljonko kello on?

現在幾點？

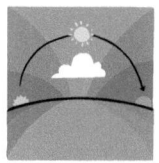

päivä

天

aika

時間

nyt

現在

digitaalikello

電子錶

minuutti

分

tunti

時

maanantai
週一

keskiviikko
週三

perjantai
週五

tiistai
週二

torstai
週四

lauantai
週六

sunnuntai
週日

eilen
昨天

tänään
今天

huomenna
明天

aamu
早晨

keskipäivä
中午

ilta
晚上

työpäivät
工作日

viikonloppu
週末

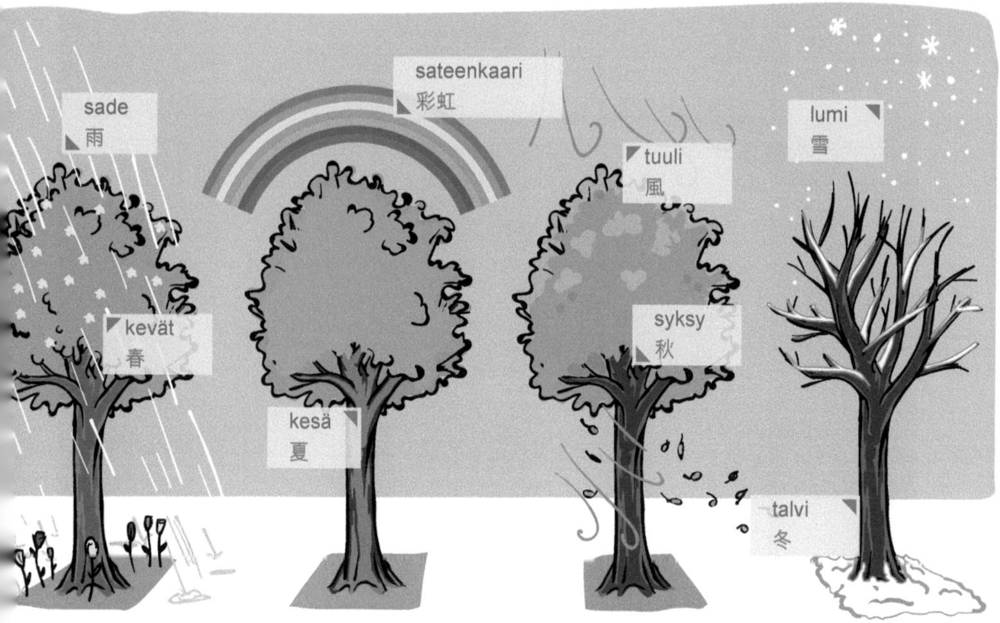

sade
雨

sateenkaari
彩虹

lumi
雪

tuuli
風

kevät
春

syksy
秋

kesä
夏

talvi
冬

sääennuste
天氣預告

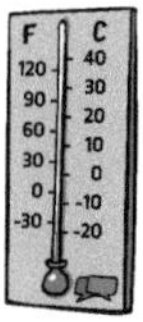

lämpömittari
溫度計

auringonpaiste
陽光

pilvi
雲

sumu
霧

ilmankosteus
潮濕

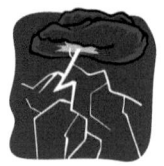

salama

閃電

ukkonen

打雷

myrsky

風暴

rae

冰雹

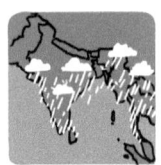

monsuuni

季風

tulva

洪水

jää

冰

tammikuu

一月

helmikuu

二月

maaliskuu

三月

huhtikuu

四月

toukokuu

五月

kesäkuu

六月

heinäkuu

七月

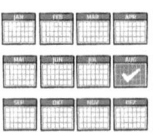

elokuu

八月

syyskuu

九月

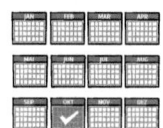

lokakuu

十月

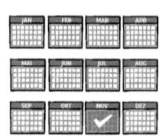

marraskuu

十一月

joulukuu

十二月

ympyrä

圓形

neliö

正方形

suorakulmio

長方形

kolmio

三角形

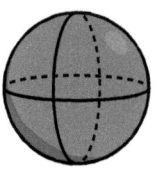

pallo

球體

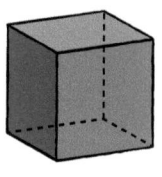

kuutio

立方體

värit

顔色

valkoinen

白

keltainen

黃

oranssi

橙

vaaleanpunainen

粉

punainen

紅

violetti

紫

sininen

藍

vihreä

綠

ruskea

棕

harmaa

灰

musta

黑

paljon / vähän

很多/少許

vihainen / ystävällinen

生氣/平靜

kaunis / ruma

美/醜

alku / loppu

首/尾

suuri / pieni

大/小

vaalea / tumma

明/暗

veli / sisko

兄弟/姐妹

puhdas / likainen

乾淨/骯髒

täydellinen / epätäydellinen

完整/缺失

päivä / yö

白天/晚上

kuollut / elävä

死/生

leveä / kapea

寬/窄

syötävä / syömäkelvoton

可食用/非食用

paha / kiltti

邪惡/善良

innostunut / tylsistynyt

興奮/無聊

lihava / laiha

胖/瘦

ensimmäinen / viimeinen

第一/最後

ystävä / vihollinen

朋友/敵人

täysi / tyhjä

滿/空

kova / pehmeä

硬/軟

painava / kevyt

重/輕

nälkä / jano

餓/渴

sairas / terve

生病/健康

laiton / laillinen

非法/合法

älykäs / tyhmä

聰明/愚笨

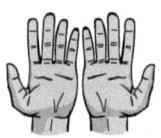

vasen / oikea

左/右

lähellä / kaukana

近/遠

uusi / käytetty

新/舊

ei mitään / jotain

沒有/有些

vanha / nuori

老/幼

päällä / pois päältä

開/關

auki / kiinni

打開/闔上

hiljainen / äänekäs

安靜/吵鬧

rikas / köyhä

富/窮

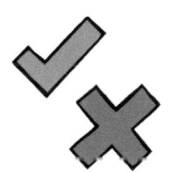

oikein / väärin

對/錯

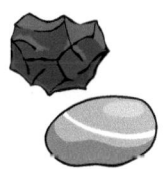

karhea / sileä

粗糙/光滑

surullinen / iloinen

傷心/高興

lyhyt / pitkä

短/長

hidas / nopea

慢/快

märkä / kuiva

濕/乾

lämmin / viileä

溫暖/涼爽

sota / rauha

戰爭/和平

0

nolla

零

1

yksi

一

2

kaksi

二

3

kolme

三

4

neljä

四

5

viisi

五

6

kuusi

六

7

seitsemän

七

8

kahdeksan

八

9

yhdeksän

九

10

kymmenen

十

11

yksitoista

十一

12

kaksitoista

十二

13

kolmetoista

十三

14

neljätoista

十四

15

viisitoista

十五

16

kuusitoista

十六

17

seitsemäntoista

十七

18

kahdeksantoista

十八

19

yhdeksäntoista

十九

20

kaksikymmentä

二十

100

sata

百

1.000

tuhat

千

1.000.000

miljoona

百萬

englanti

英語

amerikanenglanti

美式英語

mandariinikiina

普通話

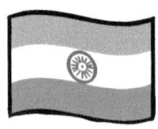

hindi

印地語

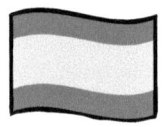

espanja

西班牙語

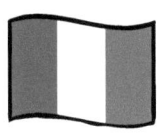

ranska

法語

arabia

阿拉伯語

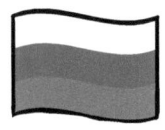

venäjä

俄語

portugali

葡萄牙語

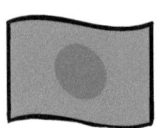

bengali

孟加拉語

saksa

德語

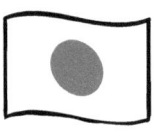

japani

日語

minä

我

sinä

你

hän

他/她/它

me

我們

te

你們

he

他們

kuka?

誰？

mitä / mikä?

什麼？

miten?

如何？

missä?

何處？

milloin?

何時？

nimi

名字

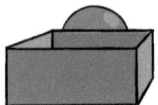

takana

後面

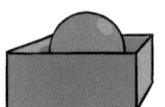

sisällä

裡面

edessä

前面

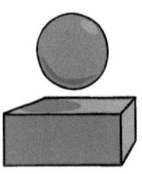

yläpuolella

上方

päällä

上面

alapuolella

下麵

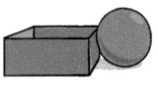

vieressä

旁邊

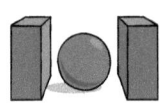

välissä

中間

paikka

地點